NOTRE-DAME

DE

LA SALETTE

PÈLERINAGE

DE

LA SALETTE

Par L'abbé A. F. (Figarol)

LIBRAIRIE SAINT JOSEPH DE BON-SECOURS

Rue Saint Denis 4.

1875.

BIBLIOTHÈQUE

DE SAINT JOSEPH DE BON-SECOURS.

Les Sermons d'Or. 6 vol.   in 8.
Les Saints Martyrs. 1 vol. in 12.
Fleurs d'Eté. 1 volume.   in 12.
Id. Edition de luxe 2 vol. in 12.
Chants de l'âme. un vol.   in 8.
Les Bergères de France. 1 vol. in 8.
Le Travail et le Capital. 1 v. in 12.
Méditations de St Augustin. 1 v. in 18.
Boudon, Jésus Dieu-caché.   id.
Le Cœur de Saint Joseph.   id.
Pèlerinage de Lourdes.   id.
Pèlerinage de la Salette.   id.
Pèlerinage de Ste Germaine.   id.
Traité de l'Oraison. 1. vol.   id

APPROBATION

DE MONSEIGNEUR L'ARCHEVÊQUE DE TOULOUSE.

—

A Monsieur l'abbé **FIGAROL,**

MONSIEUR L'ABBÉ,

Opposer la presse honnête et chrétienne à
la presse licencieuse et impie, mettre à la
portée des fortunes les plus modestes des
livres d'une parfaite exécution, faits pour
réparer les mœurs, relever les âmes et redres-
ser les caractères, est une œuvre de salut public. Vous l'avez vaillamment entreprise. Les
encouragements de tous les gens de bien ne
sauraient vous manquer ; mais nous voulons
être le premier à vous dire en leur nom, au
nom de la Religion et de la Société, notre
vive reconnaissance.

Veuillez agréer, Monsieur |l'Abbé, l'assu-
rance de mon affectueux dévouement.

† FLORIAN Archev. de Toulouse.

NOTRE-DAME

DE LA

SALETTE

CHAPITRE PREMIER.

Description de la Montagne de la Salette.

La Salette est une commune assez considérable, située à huit kilomètres de Corps, à soixante-onze kilomètres de Grenoble, et élevée de onze cent vingt quatre mètres au dessus du niveau de la mer. Elle forme une Paroisse ancienne d'environ huit cents habitants, disséminés dans dix hameaux, à petites distances les uns des autres.

La Montagne de l'Apparition est encore éloignée de l'église de la Salette de huit kilomètres environ.

Isolé et situé au centre d'un cercle de montagnes qui lui servent de remparts et qui le dominent en amphithéâtre, ce pays est resté jusqu'à présent impraticable pour les voitures ; le trajet se fait à pied ou à cheval, par un chemin assez facile jusqu'à l'église, et même jusqu'aux extrémités des terres labourées. Depuis ce point, le chemin, quoique toujours praticable avec des bêtes de somme, devient de plus en plus ardu et difficile, mais non dangereux, jusqu'au plateau dit *des Baisses ou Sous-les-Baisses*. Ce plateau, formé par trois montagnes, assises sur la même base et se confon-

dant jusqu'à la moitié de leur hau-
teur totale, s'étend du Nord au Midi,
à peu d'étendue et est couvert de verdure, ainsi que les trois montagnes
qui, après leur séparation et jusqu'à
leur sommet, n'offrent à l'œil que des
pâturages verts et rampants. Pas une
pierre, pas le plus petit arbuste à
mille mètres à la ronde.

Sur ce plateau, se trouve un ravin
peu profond, fermé par deux tertres
ou éminences qui courent du Nord au
Midi, au fond desquels coule le petit
ruisseau appelé la Sezia. C'est au fond
de ce ravin, sur la rive droite du
ruisseau et dans l'endroit où coule
depuis, sans interruption, la célèbre
Fontaine, que fut d'abord aperçue *la
Belle Dame*, d'après les termes de la

relation ; c'est à deux ou trois pas plus bas et du même côté qu'elle parla aux deux Enfants rassurés et invités à s'approcher; c'est après avoir franchi d'un seul pas le ruisseau et avoir fait vingt-cinq ou trente pas en remontant le tertre opposé, qu'elle disparut peu à peu aux yeux des Enfants étonnés qui l'avaient suivie et qui se trouvaient à moins de trois pas d'elle, lorsqu'Elle s'éleva dans les airs.

Quelques jours après l'Apparition, sur l'indication des Enfants, deux croix en bois, fort simples, furent plantées, l'une près de la Fontaine, appelée depuis lors Croix de la Conversation et l'autre, à l'endroit de la disparition, qui a pris le nom de Croix de l'Assomption.

Un peu plus tard, quatorze croix ont été échelonnées le long du chemin parcouru par la Dame. Les pèlerins prient avec une ferveur particulière devant les deux premières, et font avec beaucoup de dévotion, devant les autres, le Chemin de la Croix, érigé canoniquement.

Aux deux premières croix se trouvent suspendus différents objets, tels que fleurs, couronnes, béquilles. Des objets de prix, des chaînes d'or, des bijoux, des cœurs, des bagues, des pendants d'oreille, etc., y ont été également attachés par la reconnaissance ; mais ils furent transportés et mis en dépôt chez M. le Curé de la Salette, jusqu'à ce que l'Autorité diocésaine eut prononcé sur le Fait, et qu'accé-

dant aux vœux d'innombrables pélerins, elle eut permis la construction
de la chapelle sur ces lieux vénérés.

Les deux côtés du ravin étaient,
avant l'événement, ainsi que le plateau et les trois montagnes, recouverts
d'une belle verdure. Depuis longtemps, ils en sont totalement dépouil-
lés et ne présentent plus à l'œil qu'un
sol absolument nu et une roche schis-
teuse. Cet endroit n'est pas seulement
foulé sous les pieds d'innombrables
pèlerins, mais il est continuellement
gratté, raclé par des mains avides
d'emporter, comme reliques et sou-
venirs de ce lieu révére, quelques
brins d'herbe, quelques fleurs, un
peu de terre, quelques morceaux de
pierre. Les croix même ne sont pas

épargnées ; elles sont journellement mutilées par la foule qu'entraîne le respect ou la reconnaissance. Quant à la Fontaine, tous y boivent en arrivant sur la Montagne, et il est reçu parmi les pélerins que son Eau glaciale, même bue en quantité, et dans la plus abondante transpiration, ne fait jamais mal ; tous en font provision et en emportent avec eux à plusieurs centaines de lieues.

Quant aux pierres sur lesquelles les deux Enfants aperçurent d'abord la belle Dame assise, triste et le visage caché dans ses mains, les pèlerins et les gens du pays les ont enlevées et recueillies avec respect. Cependant M. le Curé de Corps fit, dès le commencement, emporter chez lui, pour être conservée avec soin, la pierre sur laquelle reposait immédiatement la Dame ; cette pierre a été plus tard reportée à la Salette, à laquelle elle devait naturellement revenir.

CHAPITRE II.

Les Bergers. — Maximin et Mélanie.

Ces deux petits Bergers sont les seuls acteurs dans l'évènement extraordinaire, qui est le sujet de notre narration. Il importe donc souverainement de connaître leur caractère, ses défauts ; leur éducation, leur instruction. De cette connaissance dépend le degré de confiance que l'on peut et que l'on doit raisonnablement accorder à leur récit. Il importe de découvrir s'ils ont pu être trompeurs et capables d'étudier une fable, ou victimes d'une hallucination mentale au moins momentanée, ou enfin dupes de quelque supercherie. Nous n'avons rien négligé pour nous procurer les renseignements les plus exacts, les plus précis, les plus minutieux même, sur ce qu'étaient ces enfants avant l'événement et sur ce qu'ils ont été depuis.

Déjà M. l'abbé Bez, dans son Pélerinage à la Salette, a tracé de ces deux Enfants un portrait qui a paru fidèle. Nous y joignons nos renseignements, puisés aux meilleures sources.

Pierre-Maximin GIRAUD est né à Corps, le 27 mai 1835 de parents pauvres, qui gagnent leur vie à la sueur de leur front, son père est charron. Maximin est assez petit ; il porte une figure ronde annonçant la santé.

Il regarde avec douceur : fixe sans crainte, sans rougir devant personne ; il ne reste pas un instant sans agiter ses bras et ses mains ; il gesticule naturellement lorsqu'il cause et quelquefois se met à frapper sur ceux qui se trouvent près de lui surtout lorsqu'on a l'air de ne pas s'en rapporter à ce qu'il dit. Jamais il ne se fache lors même qu'on le fatigue… Quelquefois cependant exténué et presque las de se voir chicaner sur tout ce qu'il dit, il se montre impatient ; ainsi du moins l'assurent quelques personnes. Ce naturel inculte nous semble prouver encore mieux contre la superstition.

Certaines personnes ont trouvé les Enfants un peu grossiers ; qu'elles s'imputent le défaut dont elles se plaignent, car au dire des témoins elles avaient excédé les pauvres Enfants par une foule de chicanes, de questions minutieuses qui en auraient embarassé d'autres.

D'autres aussi ont pu trouver les enfants pas assez complaisants, par suite d'interrogatoires précédents ; comme on l'a remarqué plus d'une fois, quand Maximin a fait son récit et répondu au principales difficultés qu'on lui oppose, il cherche à s'échapper pour retourner à ses amusements.

Avant l'événement, Maximin n'allait point à l'école, il ne savait ni lire ni écrire, il était sans éducation, sans instruction. Conduit à l'église, il s'échappait souvent pour aller jouer avec ses petits compagnons ; de sorte que dépourvu de toute instruction religieuse, il n'avait pu être compris parmi les enfants que le Curé préparait à la première communion. Son père déclare qu'il n'avait pu lui apprendre « *Notre Père et Je vous salue* » qu'avec peine en trois ou quatre ans.

Si Maximin a des défauts qui tiennent de son âge, on ne lui connaît point de vices. Pierre Selme, dit Bruite, propriétaire aux Ablandins, un hameau de la Salette, interrogé sur ce qu'il avait pu remarquer dans Maximin pendant le petit nombre de jours qu'il l'avait eu à son service, a dû répondre : — « Maximin était un innocent sans malice, sans prévoyance. Avant qu'il partit pour mener nos vaches à la Montagne, nous lui faisions manger la soupe ; puis nous garnissions sa blouse ou son sac de provisions pour la journée. Eh bien ! nous avons surpris Maximin qui, en chemin, avait déjà mangé ses provisions du jour, en les partageant largement avec le chien. Et quand nous lui disions : Mais que mangeras-tu dans la journée ? Maximin répondait : — Mais je n'ai pas faim !

Maximin n'a point d'amour-propre ; il avoue avec une grande ingénuité la misère de sa condition, la bassesse de ses premières occupations. Quand nous lui avons demandé :

— Où étais-tu avant d'aller en service chez Pierre Selme. Il a répondu naïvement ; — « J'étais chez mes parents et j'allais ramasser du fumier sur la grande route.» Il va plus loin, il avoue ses défauts, ses mauvaises inclinations. Ainsi, par deux fois, le 15 et le 19 novembre, je l'ai fait venir dans ma chambre. Là, je lui ai dit : — « Maximin, on m'a dit qu'avant l'Apparition de la Salette, tu étais un peu menteur. » Maximin, en souriant et d'un air de candeur: —« On ne vous a point trompé, on vous a dit vrai. Je mentais et je jurais en jetant des pierres après mes vaches, lorqu'elles s'écartaient. »

Depuis l'évènement du 19 septembre 1846, Maximin alla à l'école chez les Sœurs de la Providence, vertueuses et zélées institutrices. Il y passa la journée, et y prit ses repas. La respectable Supérieure des Sœurs, femme de sens et d'un âge mur, a voulu, du consentement de Mgr l'Évêque de Grenoble, se charger de l'éducation de Maximin. Interrogée par Mgr sur ce quelle remarquait depuis près de dix mois dans cet enfant, elle a répondu : — « Maximin ne montre que des moyens ordinaires. Il est assez obéissant, mais léger, aimant le jeu, remuant sans cesse. Jamais il ne nous a parlé de la Salette, et nous avons évité de le faire parler là-dessus, pour qu'il ne se donnat pas de l'importance : Jamais, au sortir des nombreux et longs interrogatoires qu'on lui a fait subir, il ne dit à qui que ce soit, ni à nous, ni aux autres enfants, quel est le personnage qui l'a demandé, quelles questions on lui a adressées. Après ses courses à la Salette, après ses interrogatoires, il rentre aussi simplement, aussi bonnement que s'il n'avait été question de rien pour lui. **Je** n'ai pas voulu qu'il reçut de l'argent que quelques pélerins lui offrent. Quand parfois il est forcé d'en accepter, il me le remet fidèlement, et ne s'inquiète nullement si je l'emploie pour lui ou pour ses parents. Quand aux objets de piété, comme livres, croix, chapelets, médailles, images, statues qu'on lui donne en cadeau, il n'y tient pas du tout, souvent il les donne au premier petit camarade qu'il rencontre : souvent aussi il les perd ou les égare par suite de sa légèreté naturelle. Maximin n'est pas naturellement pieux ; cependant il assiste volontiers à la Messe, prie de bon cœur toutes les fois qu'on le fait souvenir de ce devoir. En un mot, cet enfant ne paraît nullement s'apercevoir qu'il est depuis longtemps l'objet de la curiosité, de l'empressement, de l'attention et des caresses d'un public nombreux ; il ne se doute pas d'être la cause première du concours prodigieux qui a lieu chaque jour à la Salette. Ainsi nous a parlé avec un sens exquis cette digne Supérieure. Nous pouvons ajouter qu'aujourd'hui Maximin n'a pas changé de caractère.

Le 16 novembre la supérieure de Corps a dit devant la commission à l'Evêché : Depuis un an Maximin, quoique exercé presque tous les jours, n'a pu encore apprendre à bien servir la Messe, ni Mélanie a réciter par cœur les actes de foi d'espérance et de charité, quoique je la fasse réciter deux fois par jour. — En dehors du fait de la Salette, voila, Maximin !

La jeune Bergère Françoise-Mélanie MATHIEU est née à Corps le 7 novembre 1831, de parents pauvres. Jeune encore, elle fut placée en service pour gagner sa vie en gardant les troupeaux. Elle ne venait que rarement à l'Église, parce que ses maîtres l'occupaient le dimanche et les fêtes, et les autres jours de la semaine. Elle n'avait presque aucune connaissance de la Religion, et sa mémoire ingrate ne pouvait retenir deux lignes de catéchisme ; aussi n'avait-elle pu être admise à faire sa première communion. Quoique agée de près de seize ans, Mélanie n'est ni forte, ni grande, ni développée en raison de son age ; sa figure est douce et agréable. On remarque une grande modestie dans son maintien, dans la pose de sa tête, dans ses regards. Quoique un peu timide, elle n'est ni gênée ni embarrassée avec les étrangers.

Les neuf mois qui ont précédé l'Apparition, elle était au service de Baptiste Pra, autre propriétaire des Ablandins. Interrogé sur le caractère de Mélanie, ce brave homme l'a dépeinte comme étant d'une timidité excessive et tellement insouciante qu'en revenant le soir de la montagne, toute

trempée par la pluie, elle ne demandait pas même à changer d'habille-
ment. Quelquefois et toujours par
suite de son caractère, elle s'endor-
mait dans l'écurie ; d'autres fois, si
l'on ne s'en était aperçu, elle aurait
passé la nuit à la belle étoile.

Mélanie, avant l'Apparition, était
paresseuse, désobéissante, boudeuse,
au point de ne vouloir pas quelquefois répondre à ceux qui lui adres-
saient la parole. Mais, depuis l'Apparition, elle était devenue active et
obéissante, et elle faisait mieux sa
prière.

CHAPITRE III.

L'Apparition de Notre-Dame.

C'était le 19 septembre 1846, un samedi, jour de pénitence et de prières ; et, à cette heure, commençait dans l'Eglise de Dieu la célébration de l'Office de Notre-Dame-des-sept douleurs.

Vers le milieu du jour, le ciel était sans nuage, et le soleil dévorant ; sur toutes les croupes des montagnes voisines paissaient ou se reposaient une multitude de brebis, de vaches et d chèvres, que les pâtres de la vallée y avaient conduites et qu'ils y gardaient dès le matin ; les pâtres, ce jour là, n'étaient pas moins d'une quarantaine.

Or, parmi eux et des plus rapprochés se trouvaient deux jeunes Bergers, deux enfants dont les maîtres leur avaient confié quelques vaches, presque à regret, du moins celui du plus petit des deux, peu rassuré par son extrême jeunesse et son inexpérience : aussi, veillait-il à chaque instant sur l'humble troupeau et sur son gardien, de crainte qu'il leur arrivat quelque accident sur ces pentes abruptes. Pour lui, pendant ce temps, il travaillait dans le petit champ et la prairie, que l'on aperçoit en arrivant, au-dessous de la croix.

Ces maîtres habitaient avec leur

famille, le hameau *des Ablandins*, l'avant-dernier de ceux que traverse le pèlerin en arrivant à la Salette ; ils s'appelaient : *Baptiste Pra et Pierre Selme ;* leurs chaumières dans la vallée étaient presque aussi voisines que, sur la montagne, leurs prés et leurs champs. Les enfants se nommaient *Maximin Giraud et Françoise-Mélanie Mathieu ;* le père de celle-ci est un des guides qui accompagnent à Notre-Dame. Mélanie avait environ quinze ans, Maximin à peine onze. Ils ne se connaissaient pourtant que depuis deux ou trois jours... Maximin, qui n'avait de sa vie gardé de troupeaux, ne faisant que remplacer, depuis le commencement de la semaine, le berger malade de Pierre Selme.

Il est vrai que tous deux étaient de Corps, mais dès l'âge de dix **ans,** Mélanie était en service à la **Monta-** gne ; leurs parents habitaient d'ailleurs les extrémités opposées du bourg ou de la Paroisse ; et puis, qui **ne** sait qu'à cet âge, connaissance **pareille** à la leur est bientôt faite, surtout dans des champs rapprochés.

Ces deux Enfants ignorants, grossiers au-delà de toute expression, d'un caractère désagréable, mais d'une candeur, d'une pureté de cœur, d'une innocence proverbiales dans tout le pays, s'amusaient depuis quelque temps, à ce qu'ils ont raconté, s'exerçaient à jetter des cailloux, à enfoncer le couteau de Maximin dans le gazon, etc., et ils auraient probable-

ment oublié, ou négligé de conduire les
vaches pour boire au ruisseau le plus
voisin, ou à la Fontaine qui domine
la colline dont il baigne le versant,
si Pierre Selme qui ne cessait pas de
les surveiller du fond de sa petite
prairie, ne leur en eût renouvelé la
prudente recommandation.

Ils le firent sans plus tarder, l'heure
de les abreuver étant presque déjà
passée, tandis que lui-même, cher-
chant à se désaltérer dans des eaux
moins glacées, descendait jusqu'au
bas des pâturages, après avoir remarqué providentiellement combien la
Petite Fontaine était séchée, tarie,
plus encore que toutes les autres.

Après que les vaches eurent bu suf-
fisamment, elles se dispersèrent non

loin d'eux ; pour Maximin et Mélanie, ils s'assirent sur des pierres pla-
tes, d'épaisses ardoises, que d'autres
bergers avaient placées les unes sur
les autres des deux côtés de la Fontaine, tirèrent de leur petit sac de
grosse toile un morceau de pain noir
et en mangèrent avec appétit; puis, à
très-petite distance l'un de l'autre,
contre leur coutume, s'endormirent
tous les deux, sans inquiétude, ayant
leurs chiens à côté d'eux.

Au bout d'un certain temps, une
heure et demie environ, Mélanie se
réveillant la première, chercha tout
d'abord ses vaches ; elles avaient
franchi la Sézia et broutaient à l'en-
vie le gazon de l'autre colline dont la
pente se dérobe en se contournant,

et ne les appercevant pas, elle appela Maximin, et tous les deux, leur bâton à la main, suivis de leurs fidèles compagnons, s'apprêtaient, commençaient à les aller chercher, quand ils les virent à si petite distance qu'ils firent à peine quelques pas pour s'en rapprocher, Mélanie marchant la première.

Mais, ô surprise, ô merveille mille fois inattendue ! tout-à-coup, là même où ils étaient assis, où ils avaient partagé leur pain, il n'y avait pas encore deux heures, du côté de cette fontaine et tout à l'entour, elle aperçoit une clarté extraordinaire, comme une nuée ardente, plus éclatante, plus resplendissante que le soleil... D'étonnement et de frayeur, elle laissait tomber son bâton, quand Maximin, déjà précipitamment accouru à sa voix, et qui plus enfant ou plus courageux, semblait moins intimidé, lui crie de le ramasser afin de s'en servir si *Elle* voulait leur faire du mal.... Car presque aussitôt, comme instantanément, cette clarté se divisait, et, au milieu de ses mystérieux rayons, *une belle Dame*, pour employer les seules expressions qui soient jamais sorties de leur bouche en racontant cette scène saisissante, *une belle Dame* leur était apparue, assise sur les ardoises, les pieds dans la Fontaine tarie, la tête appuyée, à demi-cachée entre ses mains et fondant en pleurs... Cependant ils demeuraient immobiles à leur place, près de leurs chiens épouvantés et muets, passant tour à tour d'une crainte assurément bien facile à comprendre à je ne sais quelle douce confiance inspirée sans doute par cette Céleste Figure et par les larmes qu'elle répandait.

Mais laissons parler Mélanie :

« Nous nous étions endormis ; puis je me suis réveillée la première, et je n'ai pas vu mes vaches. J'ai réveillé Maximin : *Maximin*, ai-je dit, *viens vite, que nous allions voir nos vaches.* Nous avons passé le ruisseau ; nous avons vu de l'autre côté nos vaches couchées ; elles n'étaient pas loin. Je suis descendue la première, et lorsque j'étais à cinq ou six pas avant d'arriver au ruisseau, j'ai vu une clarté comme le soleil, encore plus brillante, mais pas de la même couleur, et j'ai dit à Maximin : *Viens vite voir une clarté là-bas.* Maximin est descendu en me disant : *Où elle est ?* Je lui ai montré avec le doigt la petite fontaine, et il s'est arrêté quand il l'a vue. Alors nous avons vu une Dame dans la clarté; elle était assise, la tête dans ses mains. Nous avons eu peur, j'a laissé tomber mon bâton. Alors Maximin m'a dit : *Garde ton bâton; s'il nous fait quelque chose, je lui donnerai un bon coup.*

« Puis cette Dame s'est levée droi-
« te, elle a croisé les bras et nous a
« dit : « Avancez, mes enfants, n'ayez
« pas peur : je suis ici pour vous
« conter une grande nouvelle. »

« Puis nous avons passé le ruisseau, et elle s'est avancée jusqu'à l'endroit où nous nous étions endormis. Elle était entre nous deux : elle nous a dit en pleurant tout le temps qu'elle nous a parlé, — j'ai bien vu couler ses larmes :

« Si mon peuple ne veut pas se
« soumettre, je suis forcée de lais-
« ser aller la main de mon Fils.

« Elle est si forte, si pesante, que
« je ne puis plus la maintenir.

« Depuis le temps que je souffre
« pour vous autres ! Si je veux que
« mon Fils ne vous abandonne pas,
« je suis chargée de le prier sans
« cesse. Et pour vous autres, vous
« n'en faites pas cas.

« Vous avez beau prier, beau
« faire, jamais vous ne pourrez ré-

« compenser la peine que j'aie prise
« pour vous autres.

« *Je vous ai donné six jours*
« *pour travailler ; je me suis réser-*
« *vé le septième, et on ne veut pas*
« *me l'accorder.* C'est ce qui appe-
« santit tant la main de mon Fils.

« Ceux qui conduisent les char-
« rettes ne savent pas jurer sans y
« mettre le nom de mon Fils.

« Si la récolte se gâte, ce n'est
« rien qu'à cause de vous : je vous
« l'ai fait voir l'année passée par les
« pommes de terre ; vous n'en avez
« pas fait cas : c'est au contraire ;
« quand vous trouviez des pommes
« de terre gâtées, vous juriez, vous
« mettiez le nom de mon Fils. Elles
« vont continuer, que cette année

« pour Noël il n'y en aura plus. »

« Et puis moi je ne comprenais
« pas bien ce que cela voulait dire
« des pommes de terre. J'allais dire
« à Maximin ce que ça voulait dire
« des pommes de terre, et la Dame
« nous a dit :

« Ah ! mes enfants, vous ne com-
« prenez pas, je m'en vais le dire au-
« trement.

— Ici Mélanie continue elle même
en patois de Corps dont voici la tra-
duction littérale :—

« Si les pommes de terre se gâ-
« tent ce n'est que pour vous autres.
« Je vous l'ai fait voir l'an passé ;
« vous n'en avez pas voulu faire cas...
« C'était au contraire, quand vous
trouviez des pommes de terre gâ-

« tées, vous juriez en y mettant le
« nom de mon Fils au milieu.

« Elles vont continuer ; que cette
« année pour la Noël il n'y en aura
« plus.

« Si vous avez du blé, il ne faut
« pas le semer ; tout ce que vous sè-
« merez, les bêtes le mangeront ; ce
« qui viendra tombera tout en pous-
« sière, quand vous le battrez.

« Il viendra une grande famine.

« Avant que la famine vienne, les
« enfants au-dessous de sept ans pren-
« dront un tremblement et mourront
« entre les mains des personnes qui
« les tiendront ; les autres feront
« pénitence par la famine.

« Les noix deviendront mauvaise et
« les raisins pourriront.

« Si on se convertit, les pierres et
« les rochers se changeront en mon-
« ceaux de blé ; les pommes de terre
« seront ensemencées par les terres.

« Faites-vous bien votre prière,
« mes enfants ? »

« Tous deux nous avons répondu :
« Pas guère, Madame. »

« Il faut bien la faire, mes en-
« fants, soir et matin ; quand vous
« ne pourrez pas faire autrement,
« dites seulement un *Pater* et un
« *Ave Maria*, et quand vous aurez
« le temps, en dire davantage.

« Il ne va que quelques femmes
« un peu âgées àla messe les autres
« travaillent le dimanche, tout l'été ;
« et l'hiver quand ils ne savent
« que faire , les garçons ne vont

« à la messe que pour se moquer de
« la religion. Le carême, on va à
« la boucherie comme des chiens.

« N'avez-vous pas vu du blé gâté,
« mon enfant ? »

« Maximin répondit : « Oh ! non,
« Madame. » Moi, je ne savais pas
« à qui elle demandait cela, et je
« répondis bien doucement : « Non
« Madame, je n'en ai pas encore
« vu. »

« Vous devez bien en avoir vu,
« vous, mon enfant *(en s'adressant*
« *à Maximin)*, une fois vers la terre
« du *Coin,* avec votre père. Le maî-
« tre de la pièce dit à votre père
« d'aller voir son blé gâté : vous y
« êtes allés tous les deux. Vous prî-
« tes deux ou trois épis dans vos

« mains, les froissâtes, et tout tomba
« en poussière ; puis vous vous en
« retournâtes. Quand vous étiez en-
« core à demi-heure de Corps, votre
« père vous a donné un morceau de
« pain et vous a dit: Tiens, mon en-
« fant, mange encore du pain cette
« année ; je ne sais qui en mangera
« l'an prochain, si le blé continue
« comme ça. »

« Après cela, la Dame nous a dit :

« Eh bien ! mes enfants, vous le
« ferez passer à tout mon peuple. »

« Elle a passé le ruisseau et nous
« a retourné dire :

« Eh bien ! mes enfants, vous le
« ferez passer à tout mon peuple. »

« Puis elle est montée jusqu'à l'endroit où nous étions allés pour regar-

der nos vaches. Elle ne touchait pas l'herbe ; elle marchait à la cime de l'herbe. Nous la suivions avec Maximin ; je passai devant la Dame, et Maximin un peu à côté, à deux ou trois pas.

« Et puis, cette belle Dame s'est élevée un peu en haut : MÉLANIE FAIT UN GESTE EN ÉLEVANT LA MAIN D'UN MÈTRE OU UN PEU PLUS AU DESSUS DE LA TERRE ; puis elle a regardé le ciel, puis la terre ; puis nous n'avons plus vu la tête, plus vu les bras, plus vu les pieds ; on n'a plus vu qu'une clarté en l'air ; après, la clarté a disparu. Et j'ai dit à Maximin : « C'est « peut-être une grande sainte. » — Et Maximin m'a dit : « Si nous avions « su que c'était une grande sainte,

« nous lui aurions dit de nous em-
« mener avec elle. » — Et je lui ai
« dit : « Oh ! si elle y était encore ! »
— Alors Maximin lança la main pour
attraper un peu de clarté, mais il n'y
eut plus rien. Et nous regardames
bien pour voir si nous ne la voyons
plus, et je dis : « Elle ne veut pas
se faire voir, pour que nous ne vo-
yions pas où elle va. « — Ensuite
nous fumes garder nos vaches. »

Mélanie ajoute que cette Dame,
après avoir parlé des noix et des raisins lui a dit un secret en patois ;
mais qu'avant qu'elle le lui ait dit, il
lui semble qu'elle parlait à Maximin
sans rien entendre elle-même, et que
la Dame leur a défendu de le dire.

Elle ajoute que cette Dame avait

des souliers blancs entourés de roses
de toutes couleurs, garnis d'une bou-
cle jaune brillante : qu'elle avait des'
bas jaunes, un tablier jaune, une robe
blanche avec des perles partout ; un
fichu blanc avec des roses autour,
croisé devant et attaché par derrière
par les deux bouts : un bonnet blanc
élevé, un peu courbé en avant, entou-
ré d'une couronne de roses de toutes
couleurs : une chaîne très-petite au
cou, brillante et tenant une croix avec
son Christ jaune et avec des tenailles
à droite, et à gauche un marteau ;
sur les épaules une autre grande
chaîne, également brillante, tombant
comme les roses autour du fichu et
touchant autour du fichu et aux extrémités de la croix ; et enfin, qu'elle

avait la figure blanche et allongée.

« Je ne pouvais la voir bien longtemps, dit-elle, pourquoi qu'elle nous
éblouissait. »

CHAPITRE IV.

Les secrets des bergers.

Outre le discours rapporté plus haut, la Belle Dame a parlé en particulier à chacun des deux enfants, et leur a confié un secret sur lequel il est impossible d'obtenir d'eux la plus légère révélation. Aucun des deux petits bergers ne connaît le secret confié à l'autre.

« Elle a bien tardé à te parler, disait Maximin à Mélanie ; je ne voyais que remuer ses lèvres ; que te disait-elle ?

Mélanie répondit : Elle m'a défendu

de le dire. Maximin répondit aussitôt : Oh ! que je suis content. Elle
m'a dit aussi quelque chose que je ne
puis te confier.

Toutes les fois que ces enfants ont
été ou sont interrogés sur ce secret,
ils montrent une fermeté incroyable,
et ils répondent avec la plus éton-
nante sagacité et présence d'esprit
aux questions les plus capables de les
surprendre et de les embarrasser.

Cependant, cinq ans après l'apparition, Mgr l'évêque de Grenoble fit
comprendre aux deux enfants que
toute révélation devant être soumise
à l'Eglise, il y avait pour eux grave
obligation de communiquer leur secret au Souverain Pontife. Ils résistè-
rent longtemps et ne se rendireut

qu'à de longues démonstrations et à un ordre formel ; ils exigèrent que leur secret, écrit par eux-mêmes, fût scellé et que le Pape seul en eût connaissance.

On nomma donc une commission de prêtres et de laiques pour être présents dans la chambre où chacun des deux écrivit à part sa confidence. Tout ce qu'on a pu comprendre, c'est que celui de Maximin est le plus long ; il est divisé en sept alinéas. On croit que Maximin annonce la réhabilitation de toutes choses, et que Mélanie prédit de grands châtiments.

Mélanie, en écrivant, paraissait très-émue, mais nullement embarassée ; elle demanda l'orthographe du mot infailliblement et du mot antéchrist. Maximin demanda l'orthographedu mot pontife.

Les deux papiers furent cachetés en présence des enfants, scellés du sceau de Mgr de Grenoble, et deux prêtres furent chargés d'apporter au Saint-Père ce mystérieux message.

A leur arrivée, Pie IX, assis devant son bureau, se leva et leur donna, par une faveur insigne, sa main à baiser. Il s'a vança, pour mieux lire, vers l'embrasure d'une fenêtre. Il loua la candeur avec laquelle ces billets étaient écrits. Après la lecture de celui de Mélanie, Sa Sainteté dit : Il faut que je liseces lettres à tête reposée. Une certaine émotion se manifestasur le visage du Saint-Père ; ses lèvres se contractèrent et ses joues se gonflèrent. Le Pape nous dit : « Ce sont des fléaux dont la France est menacée, elle n'est pas seule coupable. L'Italie l'est aussi, l'Allemagne, la Suisse, l'Espagne, toute l'Europe. Ce n'est pas sans raison que l'Eglise est appelée militante ; vous en voyez ici le Capitaine. »

Pie IX dit ensuite à l'abbé Rousselot : « J'ai fait examiner votre livre sur La Salette par Mgr Frattini, Promoteur de la foi, il m'a dit qu'il en était content ; qu'il respire la vérité. »

Le secret de Mélanie serait plus long et plus explicite que celui de Maximin ; il annoncerait de terribles catastrophes pour la France et pour l'Eglise.

Après son retour de Rome, le vénérable M. Guérin disait à Mélanie : Je ne sais ce que vous avez écrit au Pape, mais il en a été affecté... Il parait que ce n'est guère *flatteur*.

— *Flatteur* ! répéta Mélanie d'un air sérieux.

— Mais oui, *flatteur*. Savez-vous ce que veut dire ce mot ?

— Cela veut dire qui fait plaisir ; ça doit faire plaisir au Pape : UN PAPE DOIT AIMER A SOUFFRIR.

Ce grand Pontife indiqué depuis des siècles dans la prophétie de saint Malachie par ces mots : *Crux de cruce*, serait-il la grande victime désignée pour apaiser la divine justice ?

Le secret de Mélanie a toujour été pour elle comme un poids qui l'écrasait. Encore maintenant les malheurs qui doivent fondre sur la France et sur les autres pays, sont présents à son esprit. Dès le commencement, elle était toujours triste à cause de cela ; elle parlait sans cesse des fléaux qui devaient nous arriver, elle en accusait Napoléon III, et cette pensée la fatiguait, même dans son sommeil.

CHAPITRE V.

Motifs de cette Dévotion.

L'Apparition de la Sainte-Vierge à La Salette eut lieu le 19 septembre 1846. Dès le lendemain, le fait fut connu au village de La Salette et dans le bourg de Corps. Il fut accueilli avec confiance par les uns, avec défiance par d'autres, avec incrédulité par un grand nombre : cela devait être.

Au bout de quelques jours, il fut connu dans les pays environnants. Il parvint bientôt jusqu'à Grenoble. Dès lors l'autorité diocésaine eut à s'en occuper comme d'un fait sortant de l'ordre commun. Elle commença à informer, mais prudemment, avec une sage lenteur, sans prévention comme sans enthousiasmo. Il fut défendu au clergé d'en parler en chaire, et de se prononcer prématurément avant la décision de l'autorité.

La croyance à la réalité d'une apparition gagna bientôt la presque totalité des habitants de la Salette, du canton de Corps et des cantons limitrophes. Un changement notable en bien s'opéra subitement dans les mœurs et les habitudes de ces contrées irréligieuses. En dehors de toute action du clergé et malgré son silence absolu, les habitants du canton commencèrent à se transporter sur la montagne en vrais et pieux pèlerins ; ils cessèrent leurs blasphèmes, leurs travaux du dimanche, et reprirent le chemin des églises.

Une guérison arrivée à Corps, celle de la femme Laurent, malade depuis plus de vingt ans, connue de tous, fit la plus profonde impression. Elle avait déja invoqué N.-D. de La Salette et s'était fait apporter de l'eau de la montagne. Il fut bientôt reconnu que d'intermittente la fontaine était devenue intarissable ; ce qui accrut la foi et la confiance.

Cependant, et quelques jours seulement après le 19 septembre, des prêtres et des laïques instruits accourus à Corps, visitèrent les lieux et fi-

rent subir de longs et minutieux interrogatoires aux deux bergers, tantôt réunis, tantôt séparés. On fut
étonné de la sagacité de ces petits
pâtres à répondre à de nombreuses
questions, à des difficultés, à des subti-
lités par lesquelles on voulait s'assu-
rer qu'ils disaient vrai, et qu'ils ne se
contredisaient ni entre eux, ni avec
eux-mêmes.

Bientôt le bruit des miracles opérés dans des lieux étrangers au dé-
partement se répand, s'accrédite et
détermine les populations lointaines
à se rendre en pèlerinage à la montagne devenue célèbre, dès lors regar-
dée comme *sainte*.

Une commission est réunie dans
le palais épiscopal sous la présidence

de Mgr l'Evêque. La question de La Salette y est débattue contradictoirement, et le rapport des deux délégués y est discuté sérieusement dans huit séances. A la fin, Mgr l'Evêque déclare se réserver la décision quand il en sera temps.

Cependant, le bruit des miracles va toujours grandissant, le pèlerinage devient toujours plus nombreux nonobstant la révolution de 1848 ; il est de plus en plus édifiant, et présente un concours soutenu de pèlerins de toute nation, de toute langue, de tous états, de toute condition. Tous les pèlerins, pendant quatre ans peuvent voir, interroger, sonder les deux petits pâtres auteurs de tout ce grand mouvement. Tous jugent que ces enfants n'ont pu être ni TROMPEURS, NI TROMPÉS.

Huit mois après cette Apparition, on commence à répandre des écrits sur le Fait. L'Apparition est racontée, discutée et prouvée véritable. D'autre part, arrivent à l'Evêché de Grenoble des difficultés, des objections. Tout est recueilli, examiné, apprécié et réduit à sa juste valeur. La plupart des pèlerins, ceux surtout que distinguent la piété, le savoir et leur position dans l'Eglise ou dans le monde, en passant par la ville épiscopale, font part au Prélat, ou à ses conseillers, de leurs impressions et de leurs convictions, toutes favorables au fait de l'Apparition.

Monseigneur autorise le pèlerinage à la montagne sur laquelle il n'y avait encore ni chapelle, ni autel, ni prêtre, ni rien qui put attirer'ou satisfaire la piété ou même la simple curiosité. — Les pèlerins commencèrent à emporter de l'eau de la fontaine. La sœur Saint-Charles d'Avignon fut, au vu et au su de toute la ville, retirée des portes du tombeau par le recours à N-D de La Salette et par l'usage de cette eau réputée merveilleuse. Beaucoup d'autres guérisons extraordinaires, arrivées ailleurs, frappaient d'étonnement et faisaient grossir de jour en jour le nombre des pèlerins. Il y en eut près de cent mille la première année, et au premier anniversaire, plus de 60,000 couvrirent la montagne.

Deux commissions, formées par

Mgr l'Evêque, délibérèrent séparément et secrètement. Elles conclurent qu'il ne fallait s'opposer à rien, puisque tout se passait régulièrement et religieusement : mais aussi qu'il fallait attendre. — Toujours profond silence de la part de l'Evêque et de son clergé.

Deux prêtres délégués en 1847 parcourent neuf diocèses du midi de la France. Partout il n'est bruit que de La Salette et des miracles opérés par l'intercession et par l'usage de l'eau de N-D de La Salette. Ils s'assurent en particulier de la guérison de la sœur saint-Charles, et sur cette question ils consultent Mgr Naudo, Archevêque d'Avignon, qui leur répond, qu'*il ne doute pas plus de la guérison de*

cette sœur qu'il ne doute de la résur-
rection de Lazare.

À cette époque Monseigneur autorise la publication de la Vérité et des
Nouveaux Documents sur la Salette,
mais ne se prononce pas encore comme Juge du Fait. Cependant, il prépare
son mandement, l'élabore au sein de
vénérables collègues ; il finit par
l'envoyer à Rome, d'où il lui revient
avec quelques observations, auxquel-
les le Prélat s'empresse d'obtempérer.
Enfin, en novembre 1851, après un
délai et un *examen de cinq ans*, ce
mandement ardemment SOLLICITÉ
par le PLUS GRAND NOMBRE des diocé-
sains et des étrangers, de prêtres et
de laïques, quoique REDOUTÉ par un
petit nombre d'opposants, est mis

au jour, publié et lu dans les 690 églises du diosèse. Il est envoyé à presque tous les Evêques du monde. Bientôt il est traduit dans toutes les langues. A Rome, il est imprimé dans les journaux soumis à la censure pontificale. De nombreux adhérens arrivent de toutes parts au vénérable auteur de ce jugement doctrinal. L'année suivante, Sa Sainteté Pie IX, par des rescrits expédiés à l'autorité diocésaine, accorde les plus précieuses faveurs au nouveau Sanctuaire de La Salette, aux missionnaires qui le desservent, aux pélerins qui le fréquentent. Par le dernier, du 2 décembre 1852, Sa Sainteté permet à tout le diocèse de célébrer à l'Office et à la Messe, l'anniversaire de l'Apparition.

Tels sont les fondements de notre croyance à l'apparition de La Salette. Il n'est pas un sanctuaire dont la dévotion soit, à notre avis, plus sérieusement motivée.

LITANIES

RÉPARATRICES

EN UNION A NOTRE-DAME DE LA SALETTE.

✝

DIEU TOUT PUISSANT, ETERNEL,

Depuis 80 ans, la France chrétienne vous offense en abandonnant sa vocation et en se faisant infidèle. — *Nous le confessons, Seigneur.*

Elle oublie vos bienfaits durant quatorze siècles !.. — *Nous le confessons, Seigneur.*

Elle vit sans Vous·.... bannissant de ses lois et de ses mœurs jusqu'à votre souvenir.

— *Nous le confessons, Seigneur.*

Elle tolère honteusement que des voix impies blasphèment votre saint Nom, nient votre gouverment des choses de ce monde, et jusqu'à votre existence. — *Nous le confessons, Seigneur.*

Elle rompt presque publiquement avec vos commandements, violant vos sabbats, méprissant vos jeûnes, et discutant l'autorité de votre Eglise,

— *Nous le confessons, Seigneur.*

Elle abaisse la dignité du mariage, et laisse

pénétrer dans l'éducation jusque-là si religieuse de ses enfants, une indifférence qui va jusqu'à l'athéisme. — *Nous le confessons, Seigneur.*

Cette infidélité, pour ainsi dire nationale, a produit tous les fléaux qui nous accablent.

— *Nous le confessons, Seigneur.*

C'est à cause de ce péché que la France si longtemps triomphante, lorsqu'elle pensait et agissait comme fille aînée de l'Eglise a été humiliée, vaincue et frappée de vertige !

— *Nous le confessons, Seigneur.*

Mais ce n'est pas seulement parce qu'il a causé nos malheurs que nous pleurons ce péché devant Vous !... Nous le pleurons surtout comme un outrage à votre Majesté, et cet outrage,

— *Nous le détestons, Seigneur.*

Ce mépris orgueilleux et réfléchi de votre loi, cet abandon de votre culte, systématique et consenti, — *Nous le détestons, Seigneur.*

Cette volonté arrêtée de vous bannir de notre nation, de nos lois, de nos écoles, pour vivre sans dépendance. *Nous la détestons, Seigneur.*

Cette recherche sans frein de tout ce qui flatte la vie des sens, et préconise la matière en abaissant l'esprit. — *Nous la détestons, Seigneur.*

Enfin cette coupable propagande des doctrines perverses, substituée à l'apostolat du bien que vous aviez confié au cœur et à l'épée de la France, — *Nous la détestons, Seigneur.*

Saint Patron de la France, saints évêques, saints religieux qui l'aviez rendue si chrétienne,

— *Faites que ce châtiment nous éclaire et nous rende la Foi.*

O vous surtout Vierge sainte, ô Marie mère de Dieu, à qui la France a élevé tant de sanctuaires, et sous des noms si chers à nos pères !

— *Faites que ce châtiment nous éclaire et nous rende la Foi.*

O Marie, conçue sans péché, à qui la France fut solennellement vouée, — *Ayez pitié de nous !*

Marie, refuge des pécheurs, si ardemment invoquée en France, — *Priez pour nous !*

O Marie conçue sans péché, souvenez-vous que la France est votre fille et que vous êtes notre Mère !

TABLE